COMMISSION DU GRISOU

PRINCIPES A CONSULTER

DANS

L'EXPLOITATION DES MINES A GRISOU

Texte préparé par la Commission

pour être communiqué aux exploitants avant d'être adopté par elle.

PARIS

IMPRIMERIE ARNOUS DE RIVIERE

26, RUE RACINE, 26

1880

COMMISSION DU GRISOU

PRINCIPES A CONSULTER

DANS

L'EXPLOITATION DES MINES A GRISOU

COMMISSION DU GRISOU

PRINCIPES A CONSULTER

DANS

L'EXPLOITATION DES MINES A GRISOU

Texte préparé par la Commission

pour être communiqué aux exploitants avant d'être adopté par elle.

PARIS

IMPRIMERIE ARNOUS DE RIVIÈRE

26, RUE RACINE, 26

1880

COMMISSION DU GRISOU

PRINCIPES A CONSULTER

DANS L'EXPLOITATION DES MINES A GRISOU (1).

Texte préparé par la Commission pour être communiqué aux exploitants avant d'être adopté par elle.

CHAPITRE I.

De l'aérage et de la surveillance générale

ARTICLE 1.

Toute mine sujette au grisou doit, pour être considérée comme présentant une organisation complète de l'exploitation sous le rapport de la sécurité, avoir au moins deux issues au jour, puits ou galerie, toutes les deux aménagées de manière à permettre la circulation des hommes.

De ces deux issues, qui doivent être séparées par un massif de roche suffisant, l'une devra servir à l'entrée et l'autre à la sortie de l'air.

Elles devront être disposées de manière à ne pouvoir pas être compromises par un même accident.

Néanmoins la constitution d'un retour d'air par l'établissement dans la voie d'entrée unique d'un compartiment, gaîne ou conduite d'aérage peut être admise quand le grisou est peu abondant. Toutefois les travaux devront être conduits de manière à établir

(1) La commission n'a pas cru possible de donner une définition de la *mine à grisou,* qui ne péchât dans un sens ou dans l'autre. Elle a pensé que cette appellation était devenue assez courante pour qu'on sût, le cas échéant, à quelles mines elle doit être appliquée.

aussitôt que possible une communication entre le puits et le siège d'exploitation le plus voisin.

En tout cas, les dispositions prises devront assurer au compartiment ou à la conduite spéciale d'aérage la plus grande stabilité, un isolement complet, et une parfaite étanchéité à l'air des parois de la conduite ou de la cloison qui divise l'ouvrage.

Règlements divers. — L'article 20 de la loi anglaise du 10 août 1872 (1), exige, en principe, que pour chacune des couches xploitées il y ait au moins deux puits ou issues, fournissant, chacun séparément, aux ouvriers occupés dans la mine, le moyen d'entrer et de sortir; ces deux issues doivent être séparées par un massif de roche en place de 3 mètres au moins d'épaisseur.

Les articles 22, 23 et 24, de ladite loi indiquent dans quels cas et sous quelles conditions il peut être fait exception à cette règle pour cause de travaux préparatoires, de pauvreté trop grande ou d'épuisement du gisement, ou par suite d'une autorisation spéciale de l'administration.

En Belgique, l'article 8 de l'arrêté royal du 1er mars 1850 prescrit implicitement les deux issues, et, d'après l'article 10, « les *royons et kernès* ne peuvent être tolérés qu'exceptionnellement et seulement pour des travaux préparatoires et de reconnaissance ».

L'article 4 du *projet de règlement du bassin de la Loire* (2) porte que « sauf dans la période des travaux préparatoires, les mines à grisou doivent communiquer avec le jour par deux ouvertures au moins ».

Observations. — § 1. Tout moyen de faire circuler les ouvriers est acceptable, que ce soit par bennes librement suspendues cages guidées ou échelles.

§ 2. Dans beaucoup d'installations récentes, les deux puits d'entrée et de sortie sont systématiquement placés dans le voisinage immédiat l'un de l'autre, comme dans le cas de puits jumeaux. Le courant est de la sorte ramené, après avoir parcouru toute la mine, à peu près à son point de départ, ce qui peut

(1) Cette loi, qui sera fréquemment citée, est appliquable aux mines de houille, de minerai de fer en couche, de schiste (*shale*) et d'argile réfractaire.

(2) Nous aurons souvent à citer, sous ce titre, un « *projet de règlement général pour les mines à grisou du bassin de la Loire* » qui a été préparé par une sous-commission composée d'ingénieurs des différentes compagnies de ce bassin et transmis à la commission du grisou.

présenter plusieurs désavantages ou inconvénients au point de vue d'un bon aérage. Aussi devra-t-on tendre systématiquement, toutes les fois que la chose sera possible, à avoir un puits de retour placé, au contraire, du côté opposé au puits d'entrée, vers l'extrémité du champ d'exploitation, et en amont.

§ 3. La règle de ce paragraphe a été inspirée par les faits constatés lors de l'accident survenu à Frameries, le 17 avril 1879 (1). Cet accident a été et restera sans doute exceptionnel; d'autres accidents cependant, tels que celui de la fosse des Fiestaux, près Charleroi, du 23 mars 1875 (2), sont de nature à appuyer des prescriptions analogues. Il est, d'ailleurs, d'autres circonstances, telles qu'un simple incendie de surface, contre lesquelles il sera toujours utile de se prémunir.

§ 4. Bien qu'en principe on doive avoir normalement deux orifices distincts pour l'aérage, il peut y avoir telles circonstances, notamment dans certains bassins où le fonçage des puits serait très difficile, qui justifient le cloisonnement d'un puits unique pour le service de l'aérage des mines faiblement grisouteuses. Mais ce sera une situation qu'on devra toujours s'efforcer de faire disparaître le plus promptement possible à mesure que les travaux se développeront.

ARTICLE 2.

On prendra à la surface les précautions nécessaires pour empêcher que le grisou sortant ou pouvant sortir de la mine par l'un quelconque des orifices, ne puisse s'enflammer à tout foyer, flamme ou lampe du voisinage.

RÈGLEMENTS DIVERS. — Le § 3 de l'article 8 du règlement belge de 1850, auquel est emprunté le principe de cette disposition, est ainsi conçu : « On prendra à la surface les précautions nécessaires pour éloigner de tout foyer le grisou qui sort de la mine ».

Observations. — Dans le règlement belge, on paraît s'être in-

---

(1) Voir *Annales des mines*, 1879. p. 575. Note de MM. Mallard et Vicaire.

(2) Voir *Bulletin de la société de l'industrie minérale*, 2e série, t. IV, p. 803. Note.

M. Arnould, dans ses études sur les dégagements instantanés de grisou, a cité un autre accident semblable survenu le 3 février 1865, au charbonnage du Midi de Dour.

quiété uniquement du grisou qui peut provenir du puits de sortie et qui peut toujours être rejeté dans l'astmosphère, sans crainte de dangers, avec une cheminée suffisamment élevée.

L'accident du puits de l'Agrappe, à Frameries, et les autres accidents, mentionnés à l'article précédent, montrent que dans les mines exposées à des dégagements spontanés et considérables de grisou, il peut être utile de se prémunir contre la possibilité de l'inflammation, a la surface, du grisou, qui sortirait d'un quelconque des orifices. Dans les circonstances exceptionnelles, où, pour les motifs sus-indiqués ou pour d'autres analogues, un pareil danger pourrait être à redouter, il serait nécessaire de protéger par des toiles métalliques les feux et flammes du voisinage.

ARTICLE 3.

La ventilation sera déterminée et entretenue par des moyens efficaces, réguliers, continus et exempts de tout danger.

Tous les ouvrages souterrains, accessibles aux ouvriers, doivent être parcourus par un courant d'air continu et régulier, d'une vitesse et d'un volume suffisants pour diluer les gaz nuisibles et les rendre inoffensifs.

Partout où les hommes peuvent être appelés à circuler, les sections et galeries des chantiers doivent être établies en conséquence, sans qu'il puisse en résulter en un point quelconque de la section des vitesses susceptibles de rendre dangereux l'emploi des lampes en usage dans la mine. On évitera surtout qu'une grande vitesse puisse se produire avec une direction plongeante ou avec une irrégularité de mouvement susceptible d'imprimer de fortes vacillations à la flamme des lampes.

Des précautions analogues doivent être prises aux orifices des gaînes d'aérage, des goyaux, des ventilateurs à bras, etc.

On prendra également les dispositions nécessaires pour éviter que des vitesses excessives, surtout avec des directions plongeantes, puissent être accidentellement déterminées par des ouvertures ou fermetures de portes, des reprises d'épuisement ou toute autre cause.

RÈGLEMENTS DIVERS. Le § 1 de l'article 51 de la loi anglaise du 10 août 1872 exige que « l'aérage soit constamment suffisant pour diluer et rendre inoffensifs les gaz malfaisants ».

Le § 1 de notre article 3 est la reproduction à peu près textuelle de l'article 2 du règlement belge de 1850. L'article 1er de ce règlement exige « un courant actif et régulier d'air pur, dont la vitesse et le volume soient réglés en raison du nombre des ouvriers, de l'étendue des travaux et des émanations naturelles de la mine ».

L'intruction annexée à l'arrêté royal belge du 17 juin 1876, a signalé (§ 5) le danger des « courants d'air rapides » et a recommandé que « les lampes soient tenues, autant que possible, à l'abri de pareils courants, notamment de ceux produisant une forte vacillation de la flamme ».

L'article 1er du projet de règlement de la Loire porte que « l'assainissement de tous les points des travaux accessibles aux ouvriers doit être assuré par un courant d'air suffisant, naturel ou artificiel ».

Observations. — Le présent article renferme le principe fondamental de toute règlementation de mine à grisou.

Il n'est pas sans intérêt de rappeler, à cette occasion, qu'il y avantage pour faciliter et améliorer l'aérage à réduire la longueur du circuit, ce à quoi on pourra arriver en plaçant judicieusement les puits d'entrée et de sortie ainsi qu'on l'a indique à propos de l'article 1.

Le présent article ne diffère de la règlementation anglaise que par les recommandations spéciales faites contre les vitesses dangereuses, recommandations qui se retrouvent, en principe tout au moins, dans la règlementation belge la plus recente.

Il va de soi qu'il n'y a lieu de se prémunir contre les vitesses dangereuses, comme l'indique suffisamment le texte du § 3, que dans les galeries et puits où circulent des hommes avec leurs lampes. On ne doit, d'ailleurs, pas perdre de vue que la variation de la vitesse est parfois très considérable dans les divers points de la section droite d'une galerie, et par suite on devra s'attacher non pas seulement à avoir une *vitesse moyenne* convenable, mais encore à éviter toutes exagérations de vitesse dangereuses dans tous les points de la section accessibles aux lampes.

C'est particulièrement pour les retours d'air, — dans le cas où on y circule, plus exposés à être contaminés par le gaz, que toutes ces recommandations prennent une plus grande importance, et, comme le dit si bien l'article 7 du projet de la Loire, « on doit veiller avec soin à l'entretien des galeries de retour d'air et leur donner la plus grande section possible ».

En ce qui concerne le degré de vitesse qui constitue un danger, nous ne pouvons que renvoyer aux observations présentées à la suite de l'article 35.

On remarquera enfin que l'article 3 a dû se borner à rappeler la règle fondamentale « qu'il faut diluer les gaz nuisibles et les rendre inoffensifs », sans préciser à quelle teneur en grisou cette règle ne se trouverait plus appliquée. Les considérations relatives à cette question seront plus naturellement placées à la suite de l'article 16.

ARTICLE 4.

Les issues au jour qui ne sont pas utilisées pour le service, seront interdites d'une manière effective et efficace.

Celles qui doivent être maintenues ouvertes pour le service, seront gardées, pour en empêcher l'accès à tout porteur de lampe à feu nu, en dehors des conditions prévues par les règlements de la mine, et, en particulier, lorsque ces lampes sont prohibées d'une manière absolue. Elles seront munies de portes qui seront fermées à clef les jours de chômage ou de suspension de travail.

Dans les mines où les lampes à feu nu sont admises en certains quartiers, les communications avec les quartiers à grisou seront désignées par un signe apparent et interceptées par des fermetures effectives et efficaces, barrages ou portes fermées à clef.

Les communications qui doivent rester ouvertes pour le service seront gardées.

Des dispositions analogues seront prises lorsque certains types de lampes de sûreté ne présentant qu'un degré inférieur de sécurité seront tolérées dans certains quartiers.

Des stations de rallumage pour les lampes éteintes ainsi que des points que les ouvriers ne pourront dépasser avant que les chantiers aient été visités, seront indiqués.

RÈGLEMENTS DIVERS. — Le principe des §§ 1 et 2 se trouve dans les règlements particuliers de quelques mines accessibles par galeries, telles que celles de Bességes et de Graissessac.

On y trouve aussi des prescriptions analogues à celles de nos §§ 3 et 4.

Suivant l'article 38 du projet de règlement de la Loire « les quartiers grisouteux doivent être distingués de ceux qui ne le sont pas, par des écriteaux portant l'inscription *quartier à grisou*, même dans le cas où des portes existeraient à la limite de ce quartier. »

La pratique des stations de rallumage est pour ainsi dire générale : celle des points d'arrêt que l'on ne doit pas franchir avant la visite des chantiers est inscrite dans le § 5 de l'article 51 de la loi anglaise de 1872.

Observations. Il va de soi que les portes ou barrages, qu peuvent être nécessaires pour l'exécution des mesures précédentes, doivent être à claire-voie, soit en bois, soit en fer, si l'orifice doit ou peut servir pour l'aérage. Il faut que la fermeture, ainsi constituée, empêche efficacement toute imprudence ou inattention. Elle doit, en cas d'accident ou de sauvetage, pouvoir être, au besoin, promptement enlevée, notamment par des ouvriers qui voudraient sortir au jour. Si spécialement l'on fait usage de portes, il est désirable que ces portes puissent être ouvertes aisément de l'intérieur.

Les fermetures d'orifices au jour dont il s'agit dans ces paragraphes répondent, il est à peine nécessaire de le faire remarquer, à un autre besoin que celui en vue duquel ont été prescrites des clôtures pour protéger les orifices des puits, notamment dans les §§ 13 et 14 de l'article 51 de la loi anglaise du 10 août 1872. Ces dernières clôtures sont nécessaires dans toute mine, qu'il y ait ou qu'il n'y ait pas de grisou.

L'organisation des stations de rallumage est l'objet de l'article 41.

ARTICLE 5.

Si la mine est aérée par un ventilateur, l'appareil ne devra être arrêté que les jours de chômage de l'exploitation.

Avant tout arrêt, des mesures devront être prises pour s'assurer qu'il n'y a plus personne dans la mine.

Tout arrêt accidentel doit être porté le plus tôt possible à la connaissance des ingénieurs et maîtres-mineurs afin qu'ils aient à prendre les mesures nécessaires pour mettre, le cas échéant, les ouvriers en sûreté; il devra être, en même temps, signalé aux recettes des puits d'extraction.

Les ventilateurs arrêtés pendant le chômage de l'exploitation doivent être remis en mouvement un certain nombre d'heures avant la rentrée des ouvriers dans les travaux.

Il serait désirable que tout ventilateur fût muni d'un appareil établi à demeure, enregistreur autant que possible, propre à faire connaître à chaque instant, avec une suffisante précision, le volume d'air circulant dans la mine.

A défaut d'un appareil de ce genre, tout ventilateur doit au moins être muni :

1° *D'un compteur de tours;*

2° *D'un appareil établi à demeure, propre à faire connaître, à chaque instant, avec une suffisante précision, la dépression ou la compression produite.*

Ces appareils devront être, autant que possible, enregistreurs, de manière à permettre, par la simple inspection d'un diagramme, de suivre les conditions de marche du ventilateur pendant une période donnée.

Règlements divers. — L'interdiction d'arrêter le ventilateur en dehors des jours de chômage de l'exploitation, figure dans certains règlements particuliers de France (Bessèges) et d'Angleterre.

Observations. — L'arrêt du ventilateur, dans le courant de la journée, aux heures des repas ou aux changements de poste, pour procéder, par exemple, au graissage, est une pratique qui peut présenter des dangers et qui a occasionné des accidents.

L'arrêt du ventilateur les jours de chômage permet de se rendre compte, à la visite de surveillance qui précède la reprise du travail, quels sont les chantiers les plus grisouteux et dans quelle mesure ils le sont.

Le nombre d'heures pendant lesquelles on doit faire tourner le ventilateur avant l'entrée des ouvriers, varie naturellement, suivant les conditions spéciales à chaque mine, suivant l'abondance du dégagement du grisou, le volume et la vitesse de l'air qu'on fait circuler. Le règlement particulier de Bessèges indique 10 heures.

Le meilleur appareil d'observation et de surveillance de la marche des ventilateurs (1) serait évidemment un appareil permettant de mesurer directement le volume et l'enregistrant d'une façon continue.

On peut suppléer à l'absence d'un appareil de ce genre par des

(1) Un rapport spécial doit être fait à la commission sur les appareils d'observation et de surveillance appliqués jusqu'ici ou susceptibles d'être adoptés.

appareils enregistreurs donnant la vitesse et la dépression, pourvu que, par des mesures prises dans la mine, on sache la relation qui lie ces quantités au volume, la seule donnée véritablement utile à connaître en réalité.

Avec un ventilateur donné et une mine dans une situation déterminée, c'est-à-dire avec un orifice équivalent connu, il suffit bien théoriquement de connaître l'une quelconque de ces trois quantités pour qu'on en puisse déduire les deux autres. En pratique, de pareils calculs pourraient, dans bien des cas, manquer de base solide.

Les appareils précités, surtout s'ils sont enregistreurs, peuvent rendre indirectement d'utiles services, à un point de vue un peu différent. Ils peuvent servir, en effet, à surveiller la manière dont le mécanicien ou chauffeur a conduit le ventilateur pendant la durée de son poste. Le compteur de tours est plus spécialement indiqué pour un pareil usage.

Ce sont ces diverses considérations qui ont amené à faire les recommandations contenues dans la seconde partie de l'article 5.

ARTICLE 6.

Les foyers d'aérage à demeure ne pourront être établis que sous l'observation des principes suivants :

1° Ils doivent être alimentes par de l'air pur, venant directement de l'extérieur, sans avoir circulé dans la mine.

2° Les communications, établies pour le service entre la mine et le foyer ou sa conduite d'air frais, doivent être disposées de façon à ne jamais être désorganisées en cas d'explosion.

3° Le mélange des gaz du foyer et de l'air vicié de la mine ne devra s'effectuer qu'à une distance suffisante pour éviter sûrement toute inflammation.

Dans les mines aérées par foyers, il sera bon d'établir, en des points convenablement choisis, des appareils propres à l'observation des dépressions.

Observations. — Les règles rappelées ci-dessus pour l'établissement des ventilateurs sont en quelque sorte classiques.

Suivant l'article 2 du projet de règlement de la Loire, l'air destiné à l'alimentation du foyer pourrait provenir de quartiers non grisouteux. Il n'y aurait à cela aucun inconvenient, si l'on a la certitude absolue que le quartier en question ne deviendra jamais grisouteux. En somme, sauf en des cas exceptionnels, il sera toujours plus prudent de prendre l'air directement au dehors.

ARTICLE 7.

Dans les mines aérées naturellement, on ne devra pas négliger de faire périodiquement des observations capables de donner des indications précises sur les conditions dans lesquelles se fait la circulation de l'air dans les travaux.

Observations. — Cette prescription est implicitement comprise dans celles de l'article 14 relatives aux mesures anémométriques à faire régulièrement dans toute mine à grisou. Il a paru utile, toutefois, à la suite des deux articles qui précèdent, de faire une mention spéciale pour les mines aérées naturellement. Dans de pareilles mines il est bon de s'assurer, plus fréquemment encore peut-être, des quantités d'air qui passent dans les travaux : elles sont habituellement plus faibles qu'on ne pense.

ARTICLE 8.

Au-dessous comme au-dessus de l'étage en exploitation on évitera tout ce qui pourrait, en s'opposant à l'écoulement continu du grisou, favoriser la création de réservoirs de ce gaz.

RÈGLEMENTS DIVERS. — L'article 7 du règlement belge de 1850 prescrit que « l'exploitation ait lieu, autant que possible, pa tranches prises successivement en descendant ».

Observations. — Cet article du règlement belge est le seul de tous ceux qui figurent dans les règlements administratifs ou particuliers, qui se rapporte à la conduite générale des travaux d'une mine à grisou. Or, il n'apparaît pas, en ce qui concerne spécialement les dangers créés par le grisou, qu'une exploitation faite en remontant doive être, en principe, plus dangereuse qu'une exploitation faite en descendant. Il y a lieu seulement d'agencer les travaux, de manière que les quartiers définitivement abandonnés ou même provisoirement suspendus ne puissent pas créer de dangers pour les chantiers en activité.

Cela peut s'obtenir, suivant les circonstances, de plusieurs manières différentes, notamment en les remblayant ou en les noyant, ou bien encore en assurant un dégagement au grisou par des voies parfaitement séparées de celles fréquentées, et aboutissant directement aux retours d'air ou encore mieux au jour, si la chose est possible.

ARTICLE 9.

Les travaux devront être, autant que possible, partagés en quartiers indépendants au point de vue de l'aérage.

Pour être considérés comme complètement indépendants, des quartiers doivent être aérés par un circuit spécial parcouru par de l'air n'ayant pas traversé d'autres quartiers, et disposés de manière à ne pas être désorganisés par une explosion survenant dans un quartier voisin.

On devra se prémunir contre les conséquences possibles d'un renversement de courant en cas d'accident.

RÈGLEMENTS DIVERS. — « Si la disposition du champ d'exploitation le permet, dit l'article 5 du projet de règlement de la Loire, on devra diviser le courant d'air en plusieurs branches qui, une fois les chantiers parcourus, seront conduites le plus directement possible à la galerie de retour d'air ».

Observations. — L'*indépendance des quartiers*, dont traite l'article 9, répond à une idée différente du principe de la *division des courants;* celui-ci a surtout pour but d'augmenter le volume d'air distribué; celle-là de créer des quartiers qui soient à l'abri de tout accident survenant dans un quartier voisin.

Pour arriver à l'indépendance complète, ce qui constituerait la solution la meilleure, il faudrait que les voies d'entrée et de sortie fussent distinctes pour chaque quartier, de l'orifice à la sortie au jour; une grande exploitation se trouverait ainsi fractionnée en autant de mines tout à fait distinctes au point de vue de l'aérage.

Ce n'est évidemment possible que dans certaines conditions de gisement. A défaut de la possibilité d'établir économiquement des voies d'entrée et de sortie distinctes de l'orifice à la sortie, on doit chercher à réaliser l'indépendance des quartiers entre les puits d'entrée et de sortie qui seront seuls communs aux divers quartiers. Finalement, si on y est astreint, on réalisera une indépendance moins complète encore, mais qu'il ne faut pas negliger, en branchant les circuits d'aérage de chaque quartier sur des voies principales d'aérage communes à plusieurs.

Dans ces cas d'indépendance, plus ou moins réduite, les communications de service obligées entre les quartiers, dont le nombre d'ailleurs doit être aussi faible que possible, doivent faire l'objet d'une attention particulière. On doit toujours se préoccuper de concentrer, autant que possible, dans un seul quartier les effets d'une explosion qui y surviendrait.

ARTICLE 10.

Dans les conditions ordinaires de l'exploitation, l'ensemble et toutes les parties des travaux devront être disposées de manière à ce que le courant d'air, dès qu'il a atteint un point grisouteux, n'ait plus à descendre.

On devra, autant que possible, éviter la formation d'anfractuosités, cloches ou culs-de-sac et d'éboulements au toit, de nature à permettre une accumulation de grisou.

On disposera les soutènements, autant que possible, de manière à ne pas faire obstacle à la libre circulation du courant le long du toit.

Les parois et le ciel des voies de retour d'air en descente qui, grâce par exemple à leur faible inclinaison ou à toute autre raison justifiée, pourraient être admises exceptionnellement à la suite de chantiers ou ouvrages exposés à des dégagements de grisou, seront spécialement dressés avec le plus grand soin.

On s'attachera, soit par la disposition générale des chantiers et galeries, soit par les détails de leur établissement et ceux de l'organisation de l'aérage, tels que l'emploi de cloisons incomplètes rejetant l'air d'une paroi à l'autre ou la portant au ciel de l'ouvrage, à produire des remous favorables au brassage des masses gazeuses, en même temps qu'à amener le balayage du grisou le long des parois, en évitant toutefois les exagérations ou perturbations de vitesse.

RÈGLEMENTS DIVERS. — L'article 7 du règlement général belge de 1850 porte que « sauf les exceptions autorisées par l'administration, l'ensemble et toutes les parties des travaux seront disposés de manière à ne pas forcer à descendre un air plus ou moins chargé de gaz inflammables » ; en d'autres termes, cet article prescrit d'une façon générale ce que l'on a nommé l'*aérage ascensionnel* ou encore interdit, ce que l'on nomme, en Belgique, l'*aérage à rabat-vent*.

L'article 4 du projet de règlement de la Loire reproduit presque textuellement l'article 7 du règlement belge.

Observations. — Une fois le mélange intime de grisou et d'air effectué, si le courant contaminé n'avait plus à passer par des points où se dégage du grisou, il importerait peu que sa marche fût ou ne fût pas ascensionnelle.

D'autre part, un courant descendant, d'une vitesse convenable, pourrait entraîner le grisou aussi bien qu'un courant ascensionnel, pourvu que la forme de l'ouvrage fût convenablement appropriée. Mais, avec un courant descendant ou un *aérage à rabat-vent*, il sera plus difficile d'éviter des accumulations dangereuses dans des culs-de-sac, des anfractuosités, plus généralement dans les points correspondant pour ainsi dire à des cotes maxima par rapport au niveau général de roulage et d'entrée d'air, c'est-à-dire à des ouvrages tournant leur convexité vers le haut : il pourra se faire là des points morts où le grisou se réunirait en quantité inquiétante pour peu surtout que la vitesse du courant fût ou devînt assez faible.

En cas d'arrêt du courant, pour une cause ou pour une autre, le grisou ne pourrait plus s'écouler avec un courant descendant; il peut le faire naturellement au contraire avec un courant ascensionnel.

Au fond, dans tout cela, c'est plus la forme et la nature de l'ouvrage qui créent le danger que le sens du courant et le mode d'aérage. Cependant, il résulte bien de toutes ces considérations qu'il faut conserver le principe de l'aérage ascensionnel, mais en se préoccupant plus particulièrement toutefois d'éviter, soit dans le détail, c'est-à-dire au chantier, soit dans l'ensemble, c'est-à-dire dans la disposition générale des fronts de taille, une forme d'ouvrage en cul-de-sac avec convexité tournée vers le haut.

Il va de soi que l'on ne pourrait pas considérer comme contraire au principe de l'aérage ascensionnel, la circulation de l'air suivant la pente de quelques galeries principales à faible inclinaison que le roulage, automatique ou non, des charbons et remblais peut amener à établir : c'est là une question de bon sens autant que de bonne foi.

Bien que l'aérage ascensionnel, dans l'acception très large et par les motifs qui viennent d'être indiqués, doive donc rester la règle, il est cependant des cas où il pourra y avoir avantage ou utilité à renverser momentanément le courant, pendant un temps plus ou moins long. Ainsi, dans les chaleurs de l'été, on pourra être conduit à renverser le courant dans des mines ayant des feux pour éviter de les aviver alors que la ventilation demande à être activée. Inversement, par de grands froids, le renversement pourra combattre la congélation des taquets et le refroidissement des envoyages qui pourraient, sans cela, dans les puits d'entrée, entraver sérieusement le service de l'extraction. Mais ce ne doivent être là que des exceptions justifiées par des circonstances spéciales, et il ne faudra recourir à de pareilles mesures que lorsqu'on se sera assuré qu'il ne peut en résulter aucune des conséquences fâcheuses, que l'aérage ascensionnel a précisément pour but de faire éviter.

ARTICLE 11.

L'exploitation ne doit pas être faite par travaux en remonte. Si les montages ne peuvent pas être évités, on devra chercher à y empêcher toute accumulation de grisou. On prendra en conséquence toutes les précautions nécessaires pour amener l'air aussi près que possible du front d'avancement, particulièrement par une division de l'ouvrage assurant une dérivation du courant général.

RÈGLEMENTS DIVERS. — Le § 11 du règlement général de l'*Oberbergamt* de Breslau défend le travail par tailles montantes sans l'assentiment de l'autorité minière, ce travail devant être, d'ailleurs, soumis aux prescriptions édictées par cette autorité.

Observations. — L'article 11 est la conséquence naturelle des observations faites sur l'article précédent. Les *travaux d'exploitation en remonte* sont constitués par un ensemble de chantiers ou par un front de taille, mené systématiquement dans son ensemble et d'une façon plus ou moins durable, en cul-de-sac montant. Les *montages* sont des ouvrages isolés d'un caractère plus ou moins provisoire ou passager, des *percements*, nécessaires, par exemple, pour réunir deux niveaux ou deux étages.

Les *travaux en remonte* doivent être systématiquement prohibés; les *montages* doivent être évités autant que possible. Toutefois on peut y recourir, en cas de nécessité ou faute de pouvoir faire autrement, en employant alors, pour les aérer, les précautions indiquées à la fin de l'article.

Il sera bon, en pareils cas, d'éviter l'emploi des petits *venti-*

lateurs à bras. Il n'y faut recourir qu'en dernière extrémité et sans perdre de vue qu'ils donnent un mode d'aérage des plus précaires. L'insuffisance en est aggravée par l'impossibilité d'assurer la continuité de leur fonctionnement, qui dépend d'un ouvrier abandonné à lui-même et toujours tenté de se reposer.

On pourra avantageusement substituer à ces appareils de petits ventilateurs mus mécaniquement, dont l'emploi ne donne pas lieu aux mêmes critiques.

ARTICLE 12.

Tout courant d'air notablement vicié devra être envoyé, le plus directement possible, sans passer par d'autres chantiers, aux voies spéciales de retour.

On s'attachera à aérer suffisamment les chantiers les plus reculés par de l'air aussi pur que possible porté directement ou appelé dans ces chantiers par des dispositions appropriées.

RÈGLEMENTS DIVERS. — § 1. L'article 3 du règlement général belge de 1850 porte que « tout courant d'air notablement vicié par le mélange de gaz délétères ou inflammables, sera soigneusement écarté d'un atelier quelconque et des voies fréquentées ».

Observations. — Cet article belge semble poser la règle que les voies de retour ne doivent pas être généralement fréquentées, c'est-à-dire que la circulation des hommes doit y être interdite en principe. Sans méconnaître l'utilité que pourrait avoir une pareille pratique, on doit admettre qu'elle créerait des sujétions, économiquement insurmontables parfois, dans les exploitations où ces voies de retour servent au roulage des remblais. Il n'y a, du reste, aucun inconvénient à laisser la circulation des hommes se faire par ces galeries, pourvu qu'on la suspende sans hésitation dans le cas où leur atmosphère contiendrait du grisou en proportions inquiétantes; ce sera la simple application de la règle fondamentale rappelée à l'article 16, que l'on ne doit pas séjourner ou travailler « là où le grisou se montre d'une manière inquiétante ».

La prescription stipulée dans le § 2 n'est, en réalité, qu'une application du principe général indiqué au § 2 de l'article 3. Il a paru toutefois utile d'attirer l'attention, d'une façon plus spéciale, sur les soins que réclame l'aérage des chantiers éloignés; ce sont parfois ceux dont l'aérage laisse le plus à désirer, bien que ce soit souvent ceux qui présentent les plus graves dangers.

ARTICLE 13

Les remblais devront être tenus aussi serrés et aussi imperméables que possible en vue de ne pas laisser de vide au toit.

Ils devront suivre les fronts de taille à la moindre distance possible, en évitant toutefois les rétrécissements de nature à produire des vitesses dangereuses pour les lampes en usage.

RÈGLEMENTS DIVERS. — Cet article n'est, à peu de chose près, que la reproduction des articles 4 et 5 du règlement général belge de 1850.

Observations. — On n'entend pas, par cet article 13, poser en règle que toute mine à grisou doit être exploitée avec remblais complets. Il est des circonstances particulières qui expliquent que l'on exploite parfois sans remblais. Mais on devra, autant que faire se pourra, donner la préférence à l'exploitation avec remblais; et les remblais, formant une masse continue, devront être préférés aux murs élevés de distance en distance, laissant entre eux des espaces vides où le grisou peut s'accumuler.

ARTICLE 14.

Les travaux seront disposés de manière à limiter le plus possible le nombre des portes nécessaires à la direction et à la division du courant d'air.

Toute porte destinée à la division ou à la répartition de l'air sera munie d'un guichet, établi à la partie supérieure, dont l'ouverture sera réglée en raison des besoins.

Les portes doivent être établies de façon à se refermer d elles-mêmes.

Celles qui sont temporairement sans usage devront être enlevées de leurs gonds.

En tout point où il importe de réaliser une obturation aussi complète que possible, comme aux points où la circulation oblige à ouvrir très fréquemment une porte essentielle à la bonne distribution du courant d'air, les portes d'aérage devront être au nombre de deux laissant entre elles un intervalle suffisant pour que l'une des deux reste toujours positivement fermée : elles devront être gardées toutes les fois que cela sera reconnu nécessaire.

Observations. — Les principes, d'ailleurs incontestés, de la réduction au minimum du nombre des portes et du doublement des portes principales ont été indiqués dans l'article 6 du règlement général belge de 1850. On ne doit pas perdre de vue qu'une porte crée toujours un point délicat dans une mine à grisou.

ARTICLE 15.

Il doit y avoir pour chaque mine un plan indicatif de l'aérage.

Ce plan, qui doit être tenu à jour, portera la délimitation des quartiers grisouteux ou de ceux dans lesquels certains types de lampes peuvent être seuls employés, la direction des courants et de leurs subdivisions, la situation des portes d'aérage, en distinguant les portes obturantes ou de direction, des portes à guichet ou de répartition; il donnera les sections des galeries, la position des barrages, celle des stations de jaugeage; on y indiquera, en outre, les points d'arrêt spécifiés précédemment ainsi que les stations de rallumage des lampes.

On consignera sur un registre spécial les résultats des jaugeages périodiques faits à chaque station; on donnera la vitesse et le volume observés en indiquant par quels moyens et quels opérateurs les observations ont été faites.

Ces jaugeages doivent être relevés sur les courants principaux et sur les courants de chaque quartier, de temps en temps, et une fois par mois au moins : ils seront faits en des points qui resteront invariables autant que possible, mais choisis en nombre et en situation tels que l'on puisse être renseigné utilement sur l'état de l'aérage de la mine dans son ensemble comme dans ses détails.

Il serait utile de relever quotidiennement à heure fixe les observations du baromètre, du thermomètre et de l'hygromètre (à cause de la question des poussières), tant à la surface qu'au fond, et de les consigner sur le registre d'aérage, avec le relevé des dépressions ou compressions observées à l'appareil à ce destiné.

Toutes autres indications directes sur l'état de l'aérage que donneraient des dispositions ou installations appropriées, seront consignées sur ce même registre.

Règlements divers: — La pratique des plans spéciaux pour l'aérage, et, le cas échéant, de registres d'observations qui les accompagnent, se rencontre dans un certain nombre de mines

françaises, notamment dans celles de Saône-et-Loire et de Bessèges.

D'après l'article 6 du projet de règlement de la Loire, « il doit y avoir, pour chaque mine, un plan sommaire et spécial sur lequel seront indiqués le parcours général du courant d'air, sa division et la position des portes ».

La nécessité de mesures anémométriques ou plus généralement de mesures propres à donner exactement les volumes d'air circulant dans une mine, est inscrite dans la loi anglaise de 1872.

Le § 26 de cette même loi oblige légalement à l'observation régulière du baromètre et du thermomètre.

Aux termes du dernier paragraphe de l'instruction annexée à l'arrêté royal belge du 17 juin 1876, « il convient que chaque siège d'exploitation soit pourvu des instruments destinés à constater la température et la pression; les officiers des mines devant désigner les points où des baromètres et des thermomètres seront placés à demeure, et indiquer les observations à recueillir chaque jour ».

Osbervations. — La forme à donner aux plans d'aérage peut varier suivant l'allure du gisement : ce sont des croquis indicatifs dont il s'agit plus que de plans proprement dits. Il importe seulement que ces plans donnent complètement et sans coufusion, tous les éléments caractéristiques de l'aérage d'une mine indiqués par notre article.

Parmi les différents types donnés à ces plansspéciaux, on peut mentionner ceux où les galeries d'aérage reçoivent des teintes ou des traits ou ont des largeurs qui sont dans un rapport déterminé avec le volume d'air qui y circule en chaque point.

Les mesures anémométriques ne doivent pas avoir pour but de faire connaître seulement le volume total de l'air à l'entrée ou à la sortie de la mine, mais surtout les volumes circulant utilement dans un quartier et même dans un chantier donnés : c'est dans un pareil ordre d'idées qu'elles doivent être organisées et faites régulièrement.

En insistant sur le détail des jaugeages, la commission a voulu prémunir contre les indications erronées qui pourraient résulter d'observations insuffisantes, par suite notamment de la variation des vitesses dans une même section de jaugeage. Il faut que les observations soient organisées de façon à bien donner la vitesse moyenne.

La commission a tenu à préciser les motifs pour lesquels elle paraît adopter la tradition généralement recue jusqu'ici sur l'importance des observations thermométriques et barométriques.

Les variations thermométriques ont une influence capitale sur l'aérage naturel, cela est évident. Dans les mines aérées par foyers ou par ventilateurs, leur influence est certaine encore en principe; mais l'importance en est de même ordre que l'action qui peut être produite sur l'aérage artificiel créé dans la mine, par l'aérage naturel qui y existerait à défaut de cet aérage artificiel, et, dans bien des cas, cette importance peut être déjà très faible, voire même insignifiante dans les mines aérées par ventilateurs.

L'influence des variations barométriques sur le dégagement du grisou, ou plus généralement sur la constitution de l'atmosphère d'une mine à grisou, est au contraire très contestable, si tant est même qu'elle existe. La théorie n'en donne pas, *à priori*, une explication satisfaisante; les observations pratiques, d'après lesquelles on a voulu l'établir, n'autorisent nullement jusqu'à présent, lorsqu'elles sont sainement interprétées (1), à admettre une pareille conclusion. Si, finalement, le principe de ces observations a été maintenu dans notre article, c'est plutôt pour provoquer de nouvelles études sur ce sujet que pour en faire d'ores et déjà la base de mesures de précaution à prendre le cas échéant.

ARTICLE 16.

On ne doit pas, sauf pour l'exécution de travaux indispensables, tels que les travaux demandés par l'établissement de l'aérage ou un sauvetage, séjourner ou travailler dans les points de la mine où le grisou se montre d'une manière inquiétante. On devra notamment considérer comme inquiétant tout ouvrage dans lequel les lampes des ouvriers, dans leur position habituelle, viendraient à marquer sensiblement. Lorsque la présence du grisou aura été constatée dans les parties supérieures du chantier, dans des proportions dangereuses, le travail sera également suspendu jusqu'à purification du chantier.

Dans les cas exceptionnels, où on sera amené à travailler dans

---

(1) Dans un rapport spécial fait à la commission, M. Le Châtelier a montré que les observations rapportées par M. Galloway, ne justifiaient nullement les conclusions qui en avaient été tirées par cet ingénieur.

un milieu grisouteux, les travaux devront être exécutés sous uue surveillance spéciale et avec la présence d'un ingénieur ou d'un agent spécialement délégué.

Règlements divers. — L'article 15 du règlement général belge de 1850 prescrit que « lorsque le grisou apparaîtra dans une taille ou dans une galerie en assez grande quantité pour déterminer un allongement soutenu de la flamme des lampes, le travail y sera immédiatement suspendu jusqu'à ce que le danger ait cessé ». Suivant certains règlements particuliers, comme celui de Bessèges, on doit s'abstenir de travailler « lorsqu'on peut constater du grisou à la lampe ». Certains règlements anglais disent : lorsqu'on observe « une apparence de gaz ».

Observations. — Notre article formule, en quelque sorte, en essayant de la préciser, cette idée qu'on exprime parfois d'une façon un peu vague, en disant « qu'on ne travaille pas dans le grisou ». Il faut entendre par là qu'on ne doit pas travailler ou qu'on ne doit pas circuler dans les points où se trouve du grisou *d'une manière inquiétante.*

Le degré de danger dépend de diverses circonstances, suivant qu'il s'agit d'un chantier ou d'une galerie. Un chantier, par exemple, où la lampe ne marquerait qu'accidentellement et momentanément, ne peut pas être, en général, considéré comme inquiétant; mais tout chantier, et, à plus forte raison, toute galerie fréquentée dont l'atmosphère tiendrait 3 ou 4 pour 100 de grisou, c'est-à-dire où la lampe marquerait, doivent être considérés comme inquiétants.

Dans une couche grisouteuse, il se peut qu'au chantier la lampe ne marque qu'en couronne, c'est à-dire qu'il existe là seulement une tranche à 3 ou 4 0/0 de grisou. Si cette tranche n'a qu'une épaisseur réduite, que le restant de l'atmosphère soit assez pur pour que la lampe n'y marque pas d'une façon continue, on peut, à la rigueur, admettre qu'on travaille dans un pareil chantier. Mais, dans le cas où la tranche contaminée du toit contiendrait plus de 3 à 4 0/0, même si la lampe ne marquait pas, dans sa position habituelle, un pareil chantier devrait être considéré comme dangereux et à évacuer.

S'il est indispensable de travailler dans de pareilles circonstances, les ouvriers ne doivent pas être alors abandonnés à eux-mêmes; il convient qu'ils soient sous la surveillance d'une personne compétente et autorisée.

ARTICLE 17.

Dans chaque exploitation importante, indépendamment des maîtres-mineurs et autres employés du service ordinaire, on devra avoir des surveillants spécialement chargés de la recherche et de la constatation du grisou dans toutes les parties de la mine.

Ces agents devront surveiller notamment les couronnes des galeries, anfractuosités, vides, cloches, et en général tous les points présentant des masses d'air stagnantes, principalement à la partie supérieure des excavations.

Ils seront, en outre, chargés :

1° De faire la visite de tous les chantiers avant l'entrée des ouvriers;

2° De visiter les voies d'aérage placées en dehors de la circulation, d'inspecter et de vérifier toutes autres voies d'aérage, cloisons, gaînes, tuyaux, etc., de vérifier le service des portes d'aérage et en général l'exécution de toutes les mesures relatives à la distribution de l'air.

Les surveillants consigneront chaque jour, sur un registre, les résultats de leurs tournées, visites et observations.

Le nombre de ces agents sera déterminé d'après l'étendue des travaux, la nature et l'abondance du gaz et le degré de sécurité que présentera le système de ventilation.

RÈGL. DIV. — Le règlement général belge de 1850 a organisé un service analogue de *mineurs surveillants* suivant la qualification qui leur est donnée dans ce document. L'arrêté royal du 17 juin 1876 a renforcé leurs pouvoirs et augmenté leur action en prévoyant même qu'ils pourraient être assermentés.

Les *surveillants* belges correspondent aux *fieremen* des règlements anglais et aux *Wettermænner* de certains règlemente allemands.

Le projet de règlement de la Loire fait allusion à de pareils agents dans ses articles 13, 14 et 18, en prévoyant même leur assermentation dans le dernier de ces articles. Mais ce projet ne donne aucune indication précise sur leurs attributions.

Observations. — Les agents dont il s'agit dans notre article, correspondraient aux surveillants belges et rempliraient en outre les fonctions de ceux que M. Burat a désignés sous le nom de *chercheurs de grisou*.

Pour ne pas troubler l'organisation généralement admise en France, ces agents doivent être des agents de surveillance et d'information plutôt que des agents d'action : ils ne doivent pas avoir d'autorité propre sur les ouvriers, mais rester subordonnés aux chefs naturels, maîtres-mineurs ou autres, qui conserveraient ainsi l'entière responsabilité de l'aérage, en ce qui les concerne.

Ces agents, au point de vue de la surveillance et de la constatation de tous les faits relatifs à l'aérage, peuvent très utilement concourir à l'exécution d'une tâche qui incomberait sans cela exclusivement aux maîtres-mineurs ou autres chefs et dans les détails de laquelle ceux-ci peuvent ne pas avoir toujours le temps d'entrer suffisamment, par suite de leurs occupations dans le travail proprement dit de l'exploitation.

La Commission n'a pas cru d'ailleurs devoir se prononcer sur la question d'*assermentation*, qui a paru échapper à sa compétence, surtout dans l'état actuel de notre législation minérale.

ARTICLE 18.

Chaque jour, dans les quartiers où la présence du grisou est constatée ou redoutée, avant tout travail et toute entrée d'ouvriers, chaque chantier devra être l'objet d'une visite minutieuse faite en vue d'en constater l'état

Cette visite devra être faite par les surveillants spéciaux dont il a été question précédemment, ou par les maîtres-mineurs qui, dans ce cas, en consigneront les résultats quotidiennement.

Les points d'arrêt qui ne doivent pas être franchis par les ouvriers, avant cette visite, seront indiqués d'une manière ostensible.

Dans chaque chantier, les surveillants laisseront une marque apparente de leur inspection.

RÈGL. DIV. — La visite quotidienne, avant la reprise du travail, des chantiers grisouteux ou qui peuvent l'être, est prescrite par la loi anglaise de 1872 (art. 51 § 2 et § 3) ; elle figure également dans la plupart des règlements généraux de police édictés par les *Oberbergæmter* prussiens.

En France, elle est indiquée dans certains règlements particuliers et l'art. 13 du projet de la Loire la mentionne. Dans d'autres mines françaises, notamment dans le bassin houiller du Gard, cette visite n'est indiquée que pour les lendemains des jours de chômage.

Observations. — Il serait en effet difficile de réclamer quotidiennement une pareille visite si elle devait être faite exclusivement par les maîtres-mineurs comme cela se pratique dans les mines de France citées en dernier lieu. La chose ne serait pas plus mal aisée qu'à l'étranger, et que dans les autres mines de France, si la visite pouvait être faite par les *surveillants spéciaux* dont il vient d'être question dans l'article précédent, et c'est une des raisons qui ont amené la Commission à regarder leur création comme utile.

ARTICLE 19.

Indépendamment de la visite régulière indiquée ci-dessus, les maîtres-mineurs et les surveillants devront parcourir fréquemment, pendant le travail, les régions suspectes.

Les maîtres-mineurs et, en cas d'urgence, les surveillants devront faire évacuer tout chantier, quartier ou galerie qu'ils trouveraient dans un état inquiétant au moment de leur visite.

Observations. — Bien qu'il ait été dit à l'occasion de l'art. 17 que les surveillants d'aérage ne devaient pas normalement intervenir pour donner des ordres aux ouvriers, il est évident que, dans le cas visé par l'art. 19, ils peuvent et doivent le faire. Toute autre personne devrait agir ainsi en pareille circonstance et les ouvriers devraient se retirer d'eux-mêmes si leur chef de chantier ne provoquait pas l'évacuation du chantier comme il est dit à l'art. 22.

ARTICLE 20.

L'entrée de tout quartier, chantier ou galerie, où, soit à la suite de la visite du matin, soit pendant le travail, la présence du grisou serait constatée en quantité inquiétante, devra être interdite par une fermeture effective et efficace jusqu'à ce qu'on ait pris les mesures nécessaires pour assainir le point dangereux.

Au besoin l'entrée devra être gardée jusqu'à ce que ladite fermeture ait pu être posée.

RÈGL. DIV. — Cette prescription se trouve dans presque tous

les règlements particuliers des mines du sud-est de la France où elle a été introduite à la suite d'un arrêté de police du préfet du Gard du 3 novembre 1854 prescrivant « de fermer immédiatement, soit au moyen de planches espacées de 0,20 centimètres, solidement fixées sur le montant d'un cadre, soit au moyen de grilles en fer ou en bois, à barreaux espacés de 0,20 centimètres au plus, les entrées des chantiers et galeries abandonnés et momentanément interdits pour cause de trop grande abondance de gaz ».

L'art. 12 du projet de la Loire porte que « les travaux provisoirement abandonnés et dans lesquels le grisou pourrait s'accumuler devront être fermés par un mur ou par des bois solidement fixés et espacés de façon que les ouvriers ne puissent y pénétrer ».

Observations. — De tout temps et un peu dans tout pays, deux bois posés en croix ou un bout de câble placés en travers ont été employés pour défendre l'entrée d'une galerie ou d'un chantier. Les accidents survenus dans les mines du Gard ont montré l'insuffisance, dans bien des cas, de pareilles fermetures et la nécessité par suite de prendre des mesures pour empêcher l'accès des ouvriers d'une façon plus effective et partant plus efficace.

Le mode de fermeture indiqué par l'arrêté préfectoral précité a ses avantages ; elle peut être placée facilement et enlevée de même, en cas de besoin, et elle n'empêche pas la circulation de l'air. On pourrait employer tout autre mode de fermeture satisfaisant aux conditions qui viennent d'être indiquées.

Mais il ne faut pas perdre de vue que la fermeture dont il s'agit ici est essentiellement provisoire. Dans le cas prévu par l'art. 20 le devoir le plus important est de prendre des mesures immédiates et énergiques pour chercher à assainir un point qui présente une pareille cause de dangers et pour en rendre l'accès possible aussitôt que faire se pourra. Si l'on ne peut y réussir, il faut alors abandonner l'ouvrage en prenant les mesures prescrites dans l'article suivant.

ARTICLE 21.

L'accès de tout chantier, galerie ou quartier envahi par le grisou, abandonné provisoirement, et tenu en dehors des visites, doit être interdit par une fermeture effective et efficace, alors même que l'abandon n'en serait que provisoire et que l'ouvrage

considéré ne serait pas complètement en dehors de la circulation du courant d'air.

Si l'abandon est définitif, il convient de remblayer l'ouvrage. A défaut d'un remblai complet, l'entrée doit être condamnée à titre définitif par un barrage étanche en remblais ou en maçonnerie.

RÈGL. DIV. — Le § 4 de l'art. 51 de la loi anglaise de 1872 prescrit qu'en pareils cas les entrées « devront être convenablement barrées, dans toute leur largeur, de sorte que personne ne puisse y entrer par inadvertance ».

L'art. 11 du projet de règlement de la Loire porte que « les travaux devenus inutiles pour l'exploitation et définitivement abandonnés seront remblayés ou barrés soigneusement avec des murs en maçonnerie ou en remblai ».

Observations. — Notre article se relie naturellement à celui qui précède et est inspiré par les mêmes idées.

ARTICLE 22.

A tout chantier, un ouvrier devra faire fonctions de chef : il examinera l'état de l'atmosphère du chantier avant le commencement du travail, et, de temps en temps, pendant la durée du poste. En cas de danger, il doit faire sortir ses hommes, faire prévenir les maîtres-mineurs, et, jusqu'à l'arrivée de ceux-ci, garder ou faire garder l'entrée du chantier pour en interdire sûrement l'accès.

RÈGL. DIV. — Cette prescription d'un ouvrier spécialement préposé comme chef de chantier se retrouve dans la plupart des règlements particuliers des mines anglaises et allemandes ; elle figure également dans quelques règlements de mines françaises, notamment dans celui des mines de Cessous et Trébiau.

ARTICLE 23.

On doit faire précéder de sondages les chantiers dirigés sur d'anciens travaux ou des régions dans lesquelles on peut craindre des amas de grisou.

Au cas où le trou de sonde dénote la présence du grisou dans les points ci-dessus visés, on doit arrêter immédiatement le tra-

vail et prévenir l'ingénieur ou le maître-mineur qui auront à prendre les mesures nécessaires.

Tout dégagement anormal pendant le sondage devra leur être signalé.

Observations. — On doit faire usage de la sonde, avec les précautions ci-dessus indiquées, quand on pousse un avancement non seulement vers de vieux travaux, mais encore vers toute région dans laquelle on a quelque raison de supposer qu'il existe du grisou en quantité considérable. La sonde peut même être avantageusement employée pour opérer un drainage préalable à l'avancement du chantier, dans des parties de couches exceptionnellement grisouteuses.

ARTICLE 24.

Les amas de grisou formés accidentellement en un point quelconque des travaux ne doivent être dissipés qu'avec la plus grande prudence, en présence d'un maître-mineur ou d'un surveillant spécial commis par lui, et seulement lorsqu'on a la certitude de ne pas créer un danger sur le parcours de sortie.

On évitera d'ailleurs, avec le plus grand soin, au voisinage des lampes de sûreté, toute manœuvre susceptible d'imprimer à la flamme de fortes vacillations.

Observations. — Cette prescription, empruntée aux règlements particuliers des mines de Bessèges, y a été insérée à la suite d'un accident (1) provoqué par le déplacement brusque d'une masse de grisou qui avait cheminé, sans se mêler à l'air, dans une galerie d'aérage où elle avait fini par s'enflammer sur une lampe à feu nu.

---

(1) Voir *Bulletin de la société de l'industrie minérale.* Note de M. Parran, 1re série, t. VII, p. 331.

CHAPITRE II.

Tirage à la poudre.

ARTICLE 25.

L'usage de la poudre, ou autre matière explosible, ne pourra être admis dans une mine, quartier de mine ou chantier, que sous la réserve des dispositions suivantes.

Règlements divers. Le règlement général belge de 1850 tend à réduire le plus possible l'usage de la poudre dans les mines à grisou. D'après l'article 16 « il est interdit pour l'abatage de la houille sauf les exceptions qui seraient préalablement admises par l'administration ». L'article 17 ne « le tolère que pour les travaux à la pierre et sous la réserve expresse de certaines conditions » dont les principales seront reproduites ci-dessous.

Observations. — On ne doit jamais perdre de vue, dans l'exploitation des mines à grisou, que l'emploi de la poudre constitue une des causes de dangers les plus graves. Mais, il a paru que, moyennant l'emploi de mesures appropriées, on pouvait se mouvoir dans un cercle moins restreint que celui tracé par le règlement belge en ne recourant à l'interdiction absolue qu'à la dernière extrémité et en admettant un emploi plus large de la poudre sauf à proportionner dans chaque cas les mesures de précaution aux dangers que l'on peut redouter. C'est en s'inspirant de ces idées qu'ont été formulées les règles qui vont suivre.

ARTICLE 26.

Les matières explosibles ne doivent être introduites dans la mine qu'avec une autorisation spéciale du maître-mineur.

Elles ne doivent être introduites que sous forme de cartouches et dans des boîtes soigneusement fermées.

La poudre, la dynamite et les amorces doivent être isolées les unes des autres et tenues dans des boîtes spéciales.

On ne doit pas porter dans la mine plus de la consommation nécessaire pour 24 heures de travail environ.

En sortant de la mine, on ne doit pas y laisser de matières explosibles; il pourra même être prescrit de rendre après le travail celles qui n'auraient pas été employées.

Observations. — Ce ne sont là que de simples mesures d'ordre applicables à tous les cas où l'on fait usage de matières explosibles et qui pourraient même être avantageusement appliquées dans les mines non grisouteuses.

ARTICLE 27.

Aucun coup de mine ne devra être tiré qu'après qu'on aura constaté, avant de l'allumer, par une visite minutieuse, l'absence de toute quantité de grisou appréciable à la lampe dans le chantier et dans le rayon du voisinage où sa présence pourrait être dangereuse.

Si plusieurs coups de mine ou volées de coups tirés à l'électricité doivent se succéder, même à très court intervalle, la visite aura lieu avant l'allumage de chaque coup ou le tirage de chaque volée.

Observations. — Ce doit être une règle primordiale dans toute mine à grisou qu'aucun coup de mine ne puisse être tiré, *dans quelque circonstance et sous quelque prétexte que ce soit*, sans l'observation rigoureuse de la règle édictée par le § 1. La lampe ne doit marquer nulle part tant au chantier même que sur tout le trajet que les flammes peuvent suivre; c'est-à-dire qu'en aucun de ces points il ne doit se trouver plus de 3 à 4 p. 100 de grisou.

Le tirage à la poudre avec des quantités de grisou plus faibles, que la lampe par suite ne décelerait pas, ne pourrait même être admis que lorsque le chantier ne contient pas de poussières facilement inflammables : en ce cas, ou il faut s'abstenir de tout tirage à la poudre ou n'y procéder qu'avec un surcroît de précautions dont il sera ultérieurement question.

En dehors de l'examen du chantier et des points qui peuvent être atteints par la flamme, il faut aussi se préoccuper du grisou qui pourrait se trouver dans quelques chantiers ou galeries du voisinage assez rapprochés pour que la commotion du coup s'y fît sensiblement sentir : il faut éviter en effet que cette commotion ne détermine un brusque déplacement du gaz qui pourrait être projeté contre une lampe avec une vitesse suffisante pour que l'inflammation se propageât en dehors du tamis.

Plusieurs graves accidents survenus dans les mines anglaises n'ont pas été attribués à d'autre cause.

Le principe du second paragraphe se retrouve dans divers règlements des mines du bassin houiller de Valenciennes. Il y a été inséré à la suite de plusieurs accidents survenus pour ne pas s'être conformé à cette règle. D'une façon générale on peut dire que la vérification de l'état de l'atmosphère doit être faite toutes les fois qu'on revient au chantier.

ARTICLE 28.

Sauf les exceptions justifiées par la faible abondance du gaz, la nature du travail (un percement au rocher, par exemple) ou autres motifs analogues, tout coup de mine devra être allumé par un agent spécial non intéressé dans le travail du chantier.

En ce cas, c'est par ce boute-feu que devra être faite la visite préalable ci-dessus spécifiée ; l'allumage devra avoir lieu, autant que possible, lorsque les ouvriers du voisinage se seront retirés ; et même, en cas de nécessité de tirage dans des ouvrages qui seraient dangereux, après le poste, tout le personnel étant sorti.

RÈGLEMENTS DIVERS. — L'allumage des coups de mine par un *boute-feu* spécial, que le § 1 de cet article pose en principe général, est admis déjà dans plusieurs mines françaises telles que celles de Blanzy et diverses mines du bassin de Valenciennes. L'article 17 du règlement général belge de 1850 en fait une obligation pour le cas où le tirage à la poudre est toléré dans les mines de ce pays.

Observations. — Il a paru toutefois qu'il devait être laissé quelque latitude à cet égard pour tenir compte de certaines circonstances spéciales qui peuvent se présenter, telles par exemple que des chantiers extrêmement dispersés, dans un vaste champ d'exploitation, dans une couche faiblement grisouteuse et fortement aérée, ou aussi en cas d'un travers-bancs fort éloigné du champ d'exploitation.

Dans ces circonstances, et autres analogues, où le tirage à la poudre ne pourrait jamais avoir de conséquences graves ou étendues, on conçoit qu'on laisse faire l'allumage par les ouvriers du chantier, sauf à les bien choisir et à les entourer d'une surveillance plus vigilante.

Le § 2, faisant application des considérations exposées au sujet de l'article 25 indique comment on pourra travailler à la poudre, en cas d'absolue nécessité, dans des chantiers dangereux ou suspects. Cette obligation de ne tirer, le cas échéant, que lorsque tout le poste est sorti, conduit forcément à employer pour le tirage, des artifices permettant d'allumer à de très grandes distances et après un temps déterminé. Le tirage à l'électricité en donne les moyens. Mais, sauf dans le cas où l'on recourrait au courant de la pile comme source d'électricité, il ne faut pas oublier que l'emploi de l'électricité présente des dangers qui lui sont propres. Avec l'électricité statique ou les courants d'induction, une interruption dans les fils, une dénudation de l'enveloppe extérieure peuvent donner lieu soit entre les extrémités des conducteurs, soit entre ceux-ci et le sol, à des étincelles qui pourraient enflammer le grisou.

ARTICLE 29.

L'allumage sera fait par des fusées de sûreté non goudronnées ou par tout autre artifice qui ne donne pas de flamme avant l'explosion tel que l'électricité ou des amorces détonant mécaniquement.

Observations. — Cet article confirme implicitement l'usage des mèches blanches que recommandent la plupart des règlements particuliers. La commission n'entend cependant pas affirmer par là que des fusées de sûreté non goudronnées ne puissent jamais, à l'allumage, donner des flammes susceptibles d'enflammer le grisou. Il paraît établi, au contraire, que, dans certaines circonstances, les mèches blanches ont donné de la flamme soit qu'elles fussent de mauvaise fabrication ou mal coupées, soit pour toute autre cause.

ARTICLE 30.

Le feu sera mis aux fusées par des substances qui ne donnent pas de flamme, telles que l'amadou allumé au briquet; on devra notamment ne jamais allumer l'amadou au tamis de la lampe.

ARTICLE 31.

On devra être particulièrement attentif et prudent pour les coups en couronne; ils devront être évités, notamment dans l'abatage du charbon, si l'on ne peut être absolument certain de l'absence de toute trace de grisou au toit.

Règlements divers. — Les coups en couronne sont interdits d'une façon absolue dans les mines de Brassac : ils sont interdits au charbon dans les mines de Lens et de Bruay; à Blanzy ils ne sont admis qu'à 0m,30 au-dessous de la couronne.

ARTICLE 32.

Si le chantier peut donner des poussières charbonneuses, on ne pourra procéder au tirage à la poudre qu'après avoir pris les précautions énoncées au chapitre IV.

CHAPITRE III.

Eclairage.

ARTICLE 33.

Si la présence, permanente ou discontinue, du grisou n'est constatée que dans certains quartiers d'une mine, tandis que les autres sont complètement exempts de ce gaz, les mesures de précaution relatives à l'éclairage pourront être restreintes aux quartiers grisouteux.

Dans ce cas, ces derniers seront délimités; l'indication de la délimitation sera portée sur le plan d'aérage dont il est parlé à l'article 15.

Tous les passages d'un quartier grisouteux à un quartier non grisouteux seront, ou condamnés par un obstacle infranchissable, ou gardés par un ouvrier spécial qui s'opposera, d'une manière absolue, à ce qu'une personne munie d'un appareil d'éclairage non autorisé pénètre dans le quartier grisouteux, ainsi d'ailleurs qu'il a été indiqué à l'article 4.

ARTICLE 34.

Le degré de sécurité qu'offrent les lampes pourra être proportionné aux dangers que présentent les diverses parties de la mine, mais seulement dans le cas où des mesures spéciales suffisamment efficaces pourront être prises pour empêcher, dans les quartiers où elles sont interdites, l'introduction de lampes présentant un degré de sécurité inférieur.

Observations. — On indiquera dans l'article suivant les divers types de lampes qui paraissent, en l'état actuel, pouvoir être admis dans les diverses circonstances présentées par l'exploitation. On a voulu indiquer par le présent article que des lampes d'une sécurité inférieure ne pourraient être acceptées que dans le cas où, par des mesures analogues à celles rappelées dans l'article 33, on pourrait avoir la certitude que de pareilles lampes ne seraient jamais introduites dans les points où leur emploi pourrait être considéré comme dangereux.

Si, dans le but de faciliter les progrès que l'avenir ne peut manquer d'apporter à l'éclairage des mines à grisou, il peut être bon de laisser aux exploitants la faculté de se servir de nouvelles lampes, on ne saurait trop leur recommander de ne les introduire dans la mine, à la place d'autres dont les avantages comme les défauts sont en quelque sorte consacrés par un long et universel emploi, qu'après que leur degré de sécurité aura été constaté par des expériences sérieuses faites par des personnes compétentes habituées à ces sortes de travaux.

ARTICLE 35.

Dans les mines ou quartiers de mines grisouteux, on ne devra pas, sauf les exceptions ci-après formulées, se servir de lampes telles que le grisou enflammé dans l'intérieur ne soit protégé, contre l'action des courants d'air, que par une ou plusieurs toiles métalliques.

On pourra employer de semblables lampes dans celles des galeries qui seront reconnues ne pouvoir renfermer du gaz qu'en proportion assez faible pour que l'atmosphère ne puisse, à aucun moment, y devenir inflammable.

Elles ne devront pas être employées dans les dépendances immédiates des chantiers, même dans des galeries qui se trouveraient dans le cas prévu au paragraphe précédent.

Les toiles métalliques de ces lampes auront au moins 144 mailles au centimètre carré, le fil ayant au minimum un tiers de millimètre de diamètre.

Des lampes de cette espèce pourront être mises entre les mains des maîtres-mineurs ou des surveillants, lorsque le service dont ils sont chargés l'exigera.

Il y aura lieu de surveiller la diminution qui peut survenir dans le diamètre du fil par un nettoyage prolongé, surtout lorsque le nettoyage se fait en portant au rouge la toile métallique.

Règlements divers. — La loi anglaise de 1872 (§ 7 de l'art. 51) se borne à prescrire l'emploi d'une lampe de sûreté fermée à clef et ordonne que toute lampe de sûreté, avant qu'elle ne soit introduite dans la mine, soit examinée par une personne compétente, qui s'assure qu'elle est en bon état et fermée à clef.

En Belgique, l'arrêté royal du 17 juin 1876, a rendu obligatoire pour l'éclairage des mines à grisou une lampe *Mueseler type*, alimentée à l'huile végétale, conforme à des dimensions données dans une annexe de l'arrêté.

L'article 20 du projet de règlement de la Loire porte qu'en principe « la lampe employée sera la lampe Mueseler », sous la réserve que « l'emploi d'un autre modèle de lampe de sûreté sera permis dans le cas de puits en fonçage ou de galeries aquifères ».

Observations. — Notre article 35 pose également le principe de l'interdiction, dans les mines à grisou. de ce type de lampes auquel appartient, entre autres, la lampe Davy.

Il serait inutile d'insister sur les motifs de cette interdiction. Les expériences faites en Angleterre, à Saint-Étienne et en Belgique, ainsi que celles qui ont été répétées sous les yeux de la Commission, démontrent en effet qu'une lampe, préservée seulement par une toile métallique ayant 144 mailles au centimètre carré, communique rapidement l'inflammation au dehors, lorsqu'elle est placée dans le mélange le plus détonant possible d'air et de gaz d'éclairage, et que ce mélange gazeux vient choquer la lampe avec une vitesse égale à $1^m,70$ par seconde.

On s'est assuré par des expériences précises, que la même lampe, placée dans le mélange le plus détonant possible d'air et de grisou, communique l'inflammation au-dehors lorsque le mélange est animé d'une vitesse égale à $2^m,70$ par seconde environ.

La lampe du mineur peut, dans l'intérieur des travaux, être souvent exposée à des courants d'air animés d'une vitesse au moins égale à $2^m,70$ par seconde, et il est facile de concevoir telles circonstances qui ne permettent pas à l'ouvrier, même le plus prudent et le plus expérimenté, de conjurer le passage de la flamme à travers les mailles de la toile métallique. On connaît de nombreux accidents que l'on peut attribuer avec certitude à cette cause.

Ce principe posé, la Commission, tout en croyant mauvais, d'une façon générale, le mélange de deux types de lampes dans une même mine, entendrait laisser aux exploitants, qui voudraient y recourir, la faculté de se servir du type condamné, dans les circonstances et avec les mesures qui laissent sans danger l'exercice de cette faculté. De là les quelques exceptions admises par notre article au principe fondamental posé dans le premier paragraphe. En dehors de ce qui concerne les tournées des maîtres-mineurs, ces exceptions ne paraissent guère devoir s'appliquer qu'aux grandes galeries de roulage formant voies d'entrée d'air, et pour des ouvriers qui n'auraient jamais à sortir de ces galeries pour se rendre aux chantiers.

La Commission n'a pas cru devoir accueillir l'exception prévue dans le projet de la Loire pour les puits en fonçage et les galeries aquifères. Le motif invoqué à Saint-Etienne pour justifier cette exception, — les ruptures trop fréquentes du verre de la lampe Mueseler — ne lui a pas paru suffisamment établi, d'autant plus que la Commission pense qu'avec des soins et des dispositions appropriés, soit dans la construction des lampes, soit dans leur emploi, on peut éviter ces inconvénients.

Les dangers auxquels peuvent exposer les lampes à simple toile métallique ne seraient pas entièrement conjurés si l'on se bornait a supprimer la partie inférieure du cylindre de toile métallique en lui substituant un cylindre de verre. La lampe ainsi modifiée, que l'on nomme souvent lampe Boty, est la lampe Mueseler à laquelle on a enlevé son principal élément de sécurité, c'est-à dire la cheminée centrale en forme de cône et la toile métallique horizontale qui la supporte. La lampe Boty présente cet avantage sur la lampe Mueseler de ne pas s'éteindre lorsqu'on lui donne une forte inclinaison. Placée dans un mélange explosible à l'état de repos, elle s'éteint, lorsque le mélange contient de 6 à 7 p. 100 de grisou, c'est-à-dire un peu avant la lampe Mueseler. Mais, lorsque le mélange détonant d'air et de grisou est animé d'une vitesse supérieure à 5 mètres par seconde, la lampe Boty transmet l'inflammation au dehors. En superposant l'un sur l'autre deux cylindres de toile métallique, la vitesse qui chasse la flamme au dehors n'est pas notablement augmentée; on ne fait que retarder le moment où ce phénomène se produit.

La lampe Boty présente donc un degré de sécurité notablement plus grand que celui des lampes à simple toile métallique; toutefois les dangers qu'elle présente paraissent encore assez graves pour qu'on ne puisse pas en admettre l'emploi dans les chantiers. Mais si l'on veut user de la tolérance admise par la Commission et introduire dans les travaux, malgré les inconvénients sérieux de cette mesure, des lampes de deux systèmes différents, la lampe Boty sera employée avec un grand avantage dans toutes les parties de la mine où sont admises les lampes à simple toile métallique.

Avec la lampe Mueseler, tout danger de projection de la flamme en dehors de la toile métallique n'est pas évité. Les membres de la Commission belge ont réalisé, dans leurs expériences, un ensemble de circonstances susceptibles de produire ce phénomène. Il ne faut donc pas regarder la lampe Mueseler comme un préservatif assuré contre les explosions provoquées par la lampe du mineur.

On doit la manier, comme toutes les autres lampes de sûreté, avec précaution et avec prudence en évitant surtout de la soumettre à des courants rapides et changeant brusquement de sens; les courants dirigés de haut en bas sont particulièrement à craindre.

Toutefois la lampe Mueseler présente un degré de sécurité beaucoup plus grand que celui des lampes dont il a été parlé plus haut, et il semble qu'une prudence, même médiocre, suffira toujours pour éviter que la lampe Mueseler ne provoque une explosion dans un mélange détonant.

Elle s'éteint dans un mélange détonant d'air et de grisou lorsque la proportion de grisou est égale ou supérieure à 7 p. 100. Le même phénomène se produit, bien que le mélange détonant soit animé d'une vitesse considérable, pourvu que cette vitesse soit uniforme et n'ait pas une direction plongeante.

Mais la sécurité que donne la lampe Mueseler peut être beaucoup atténuée si l'on modifie d'une manière notable les dimensions des pièces essentielles, et particulièrement les dimensions du cône qui sert de cheminée et la position de ce cône dans l'intérieur de la lampe.

Il faut :

1° Que la cheminée soit suffisamment haute ;

2° Qu'elle soit suffisamment étroite, surtout à la partie supérieure ;

3° Qu'il y ait une distance suffisante entre la toile métallique horizontale et le niveau de l'orifice inférieur de la cheminée.

Un rapport spécial de MM. Mallard et Lechâtelier doit donner tous les renseignements utiles sur la construction des lampes de sûreté, les avantages et les inconvénients des différents types, de leurs dimensions et de leurs modifications : il a donc paru inutile d'insister plus longuement ici sur ce sujet.

ARTICLE 36.

Les lampes de sûreté sont fournies aux mineurs par l'administration de la mine.

La lampe est remise chaque jour à l'ouvrier par le lampiste, avant la descente.

Elle lui est donnée en bon état et allumée; l'ouvrier qui la reçoit doit l'examiner et vérifier que ces conditions sont remplies. Il peut, sauf décision contraire du maître-mineur, auquel le cas est soumis, refuser une lampe qui lui paraîtrait présenter quelque défectuosité.

Dans le cas où elle lui est remise ouverte, un surveillant spécial s'assurera, avant la descente, qu'elle a été fermée.

Observations. La fermeture, dont il s'agit ici, peut être d'un mode quelconque pourvu qu'elle satisfasse à cette condition que l'ouvrier soit matériellement empêché d'ouvrir sa lampe, si ce n'est en recourant à des moyens violents ou frauduleux.

Deux systèmes, que l'article a dû prévoir, sont en usage pour l'introduction des lampes dans les mines. Les lampes peuvent être remises fermées par les lampistes. Elles peuvent, au contraire, etre remises ouvertes et c'est aux ouvriers à les fermer : dans ce cas, la fermeture doit être vérifiée par un agent spécial avant la descente dans la mine.

ARTICLE 37.

A partir de l'acceptation qu'il en a faite, l'ouvrier est responsable de sa lampe; si elle est trouvée ouverte entre ses mains, il est considéré comme l'ayant ouverte lui-même.

ARTICLE 38.

Les lampes sont numérotées. Le lampiste doit pouvoir donner, après la descente, l'état nominatif des ouvriers auxquels il a donné une lampe ainsi que le numéro de la lampe qui a été remise à chacun d'eux.

Observations. — Le mode de distribution doit être tel qu'il permette, à tout instant, de savoir quel est l'ouvrier possesseur d'une lampe d'un numéro donné. Divers moyens sont employés dans ce but. Dans quelques mines, le même numéro est toujours réservé au même ouvrier; dans d'autres, on prend note, à mesure de la distribution, du numéro de la lampe donnée à un ouvrier. Ces deux systèmes peuvent d'ailleurs être appliqués avec des variantes de détail, pointage sur des registres, inscriptions sur des tableaux en ardoise, emploi de jetons, etc... Tous les systèmes sont également acceptables, en principe, pourvu qu'ils satisfassent rigoureusement à la condition sus-indiquée.

Cette condition a d'ailleurs un double but : elle facilite la surveillance de l'emploi et de l'entretien des lampes par les ouvriers; puis, en cas d'accident, elle peut servir à donner les plus utiles indications à tous égards.

ARTICLE 39.

Il est expressément interdit aux ouvriers qui pénètrent dans les mines ou quartiers de mines grisouteux, d'ouvrir leurs lampes et même d'avoir en leur possession un outil quelconque pouvant servir à les ouvrir.

ARTICLE 40.

En même temps que les prescriptions précédentes sont portées à la connaissance de tout ouvrier nouveau, il lui est fait des recommandations spéciales pour l'emploi de sa lampe.

On lui recommande notamment :

De manier sa lampe avec précaution; de ne pas l'exposer à des courants d'air trop vifs; de ne pas produire dans l'air, en agitant des vêtements ou par tout autre moyen, des mouvements violents susceptibles d'agiter la flamme de la lampe.

On lui recommande en outre :

De ne pas exposer sa lampe à être brisée ou détériorée; de la suspendre dans le chantier de manière qu'elle ne puisse être heurtée par l'outil, et assez solidement pour qu'elle ne soit pas exposée à tomber à terre.

Aux ouvriers munis d'une lampe Mueseler, on fait connaître qu'elle s'éteint assez vite lorsqu'elle est inclinée; qu'elle s'éteint aussi dans un air contenant du grisou en quantité explosible.

Aux ouvriers qui, par suite de circonstances spéciales, seraient munis exceptionnellement d'une lampe préservée par un simple treillis métallique ou d'une lampe d'un système analogue, on fait connaître le danger particulier qu'elle présente lorsqu'elle se remplit de flamme ou lorsque la toile devient rouge. On lui apprend que lorsque cette circonstance se présente, il ne faut pas souffler sur la flamme; qu'il faut au contraire la soustraire avec soin à tout courant d'air, l'agiter le moins possible, la recouvrir le mieux que l'on peut, avec les vêtements ou le chapeau, et abandonner immédiatement, mais sans précipitation, l'endroit dangereux où l'on se trouve.

On lui indique enfin les caractères au moyen desquels la lampe, quel qu'en soit le système, peut dévoiler la présence du gaz, en lui recommandant de faire compléter dans la mine son instruction sur ce point, comme sur tous les autres, soit par le maître-mineur, soit par ses camarades.

ARTICLE 41.

Toute lampe éteinte accidentellement ou détériorée pendant le travail, doit être rapportée par l'ouvrier en un des points de la mine indiqués comme stations de rallumage, et qui doivent être choisis de telle sorte que l'atmosphère n'y puisse pas devenir grisouteuse.

Dans ces points sera placé un ouvrier muni d'une clef et préposé au rallumage des lampes ou au remplacement de celles qui lui seront apportées détériorées. Dans ce dernier cas, il prendra note des ouvriers auxquels il aura donné une lampe de rechange.

Observations. — Dans quelques mines le rallumage des lampes éteintes ne se fait qu'au jour; on serait évidemment obligé de recourir à cette nécessité si l'on ne pouvait trouver, dans la mine, des points de rallumage assez sûrs.

Le système des stations de rallumage, à l'intérieur, est généralement adopté. Seulement, dans quelques mines, on place simplement, en ces points, des clefs fixées à demeure par une chaîne; tout ouvrier peut venir y ouvrir sa lampe. En Allemagne même, on trouve des mines plaçant, en outre, à côté de ces clefs, des lampes à feu nu fixées à demeure, dites *lampes éternelles*. De pareilles pratiques sont très discutables et peuvent offrir des dangers ou tout au moins des inconvénients de plus d'un genre. En principe, il doit toujours y avoir, aux stations de rallumage, un homme qui ait seul qualité pour ouvrir et fermer les lampes. Rien n'empêche d'ailleurs qu'entre temps cet homme puisse être occupé, en ce point, à un autre travail, tel que la manœuvre, le graissage ou le marquage des wagons, etc.

Si le service est organisé de telle sorte qu'aux stations de rallumage on échange une lampe éteinte contre une lampe allumée, il est nécessaire que des mesures appropriées soient prises pou qu'il soit toujours satisfait à la condition indiquée à l'occasion de l'article 38, c'est-à-dire que l'on puisse toujours savoir le nom de l'ouvrier correspondant à tout numéro de lampe en service et inversement.

ARTICLE 42.

Les ouvriers munis d'une lampe de sûreté doivent l'examiner fréquemment pour en constater l'état et apprécier les conditions de l'atmosphère au point où ils se trouvent; dans un chantier, l'ouvrier faisant fonctions de chef est plus particulièrement chargé de cet examen.

Il lui est prescrit, en particulier, lorsqu'il s'aperçoit que la flamme des lampes s'allonge d'une manière notable, de procéder, en promenant sa lampe dans toutes les parties du chantier, à un examen attentif au point de vue du grisou. Si la présence de ce gaz n'est pas seulement limitée en quelques points, mais est à peu près générale, dans le chantier, il le fait évacuer et en réfère immédiatement au maître-mineur, comme il est dit à l'article 22.

ARTICLE 43.

Les lampes doivent être rapportées au lampiste tous les jours, aux heures désignées. Si des lampes ne sont pas rentrées, aux heures fixées comme limites, le lampiste en informe immédiatement le maître-mineur.

A la réception des lampes, les lampistes doivent s'assurer si elles sont rendues fermées, les examiner et constater leurs dégradations en présence des ouvriers.

Les lampes ne doivent jamais rester dans les chantiers, même lorsque les ouvriers ne les quittent que momentanément.

ARTICLE 44.

Les mines, où la présence du grisou n'a pas été encore constatée, doivent être pourvues d'au moins quatre lampes de sûreté en bon état ; et, dans celles qui renferment des quartiers grisouteux, chaque chef de poste des quartiers qui paraissent encore exempts de gaz, devra être muni d'une lampe de sûreté.

RÈGLEMENTS DIVERS. — La première prescription de cet article se retrouve dans les règlements généraux allemands.

La seconde figure, mais plus généralisée encore, dans le règlement particulier des charbonnages des Bouches-du-Rhône où chaque compagnie d'ouvriers est pourvue d'une lampe de sûreté avec laquelle le chef de chantier examine l'état de l'atmosphère avant de laisser travailler avec des lampes à feu nu.

Observations. — Le *chef de poste* dont il est question dans notre article n'est pas le chef de chantier auquel font allusion les articles 22 et 42, mais le chef d'un quartier désigné, suivant les mines, sous l'appellation de maître-mineur, gouverneur, chef de poste, porion, etc...

ARTICLE 45.

Dans les mines ou quartiers qui ont été grisouteux mais où la présence du grisou n'a plus été constatée depuis un an révolu, l'emploi des lampes de sûreté pourra être supprimé et la mine ou le quartier pourront être considérés comme non grisouteux.

Néanmoins, dans ces mines ou quartiers, on devra, avant l'entrée des ouvriers, faire la visite des chantiers en cul-de-sac avec la lampe de sûreté, après tous les chômages de l'exploitation.

RÈGLEMENTS DIVERS. — Cet article est emprunté à l'article 43 du projet de règlement du bassin de la Loire.

Observations. — Pour qu'une mine ou un quartier qui ont été grisouteux cessent d'être considérés comme tels pour l'application du présent article, il ne faut pas seulement que l'absence du grisou ait été constatée dans les tournées ordinaires de surveillance, pendant le travail normal, mais il faut encore que son absence ait été constatée dans les visites, faites par application de l'article 18, après les jours de chômage de l'exploitation. C'est, en effet, après ces chômages, surtout si le ventilateur a été arrêté plus ou moins longtemps, comme on l'a fait remarquer à propos de l'article 5, qu'il est le plus facile de se rendre compte des quantités de grisou qui peuvent se dégager des divers points de la mine.

CHAPITRE IV.

Des poussières.

(La Commission, avant d'arrêter les articles relatifs au présent chapitre, a cru utile d'attendre les résultats d'expériences spéciales entreprises par MM. Mallard et Le Châtelier.)

CHAPITRE V.

Dispositions diverses et dispositions générales.

ARTICLE 47.

Il est expressément défendu aux ouvriers qui pénètrent dans les mines ou quartiers grisouteux d'y fumer et même d'y porter des pipes, du tabac à fumer, des allumettes ou tout autre engin et matière pouvant produire de la flamme, aussi bien que tout outil pouvant servir à ouvrir les lampes.

ARTICLE 48.

Les maîtres mineurs sont autorisés à visiter les vêtements des ouvriers qu'ils soupçonnent sans que ceux ci puissent s'y opposer.

Observations. — Cette mesure est admise dans les hôtels de monnaie et les poudreries. Elle figure déjà dans quelques règlements particuliers, celui des mines de Blanzy par exemple.

ARTICLE 49.

Les ouvriers ne peuvent, sous aucun prétexte, sans une permission spéciale, parcourir d'autres voies que celles qu'ils ont à suivre pour se rendre à leurs chantiers.

ARTICLE 50.

Tout ouvrier, et spécialement tout rouleur, qui s'aperçoit de quelque défectuosité dans la ventilation, de quelque accident aux portes ou cloisons d'aérage, doit en avertir immédiatement le maître-mineur ou le surveillant spécial.

Il en est de même pour toute disposition résultant d'infraction au règlement qui pourrait tenir la mine en danger.

Observations. — Par ce dernier paragraphe on ne veut pas ériger en principe, la *dénonciation* des infractions, ainsi que le font quelques règlements anglais, en vue de faire punir le coupable : on entend seulement qu'on donne aux maîtres-mineurs ou surveillants un avis utile à la sécurité de la mine dans le cas d'infraction qui pourrait constituer un danger sérieux.

ARTICLE 51.

Toute personne qui franchit une porte doit s'assurer qu'elle se referme exactement d'elle-même ; au cas contraire, on doit avertir immédiatement le maître-mineur comme aussi lorsqu'on rencontre une porte ouverte sans qu'elle soit sortie de ses gonds.

Observations. L'application de cet article, demande que l'on suive scrupuleusement les règles indiquées à l'article 14, que toute porte soit posée de manière à se refermer d'elle-même et que toute porte qui n'est pas en service soit enlevée de ses gonds.

ARTICLE 52.

Toute injonction faite dans l'intérêt de la sûreté, telle que celle d'évacuer un chantier reconnu dangereux, doit être obéie sur-le-champ. Des dispositions devront être prises autant que possible pour que ces injonctions ne portent pas préjudice aux ouvriers.

Observations. — Le règlement particulier des mines de Bessèges contient la disposition suivante qui mérite d'attirer l'attention :

« Tout ouvrier occupé à prix fait qui se retire d'un ouvrage « par suite de la constatation du grisou a droit à sa journée, si « la présence du gaz n'est pas la conséquence d'une négligence « de sa part, ou si le maître-mineur ne lui fournit pas, en temps « opportun, du travail pour le dédommager ».

Il ne faut pas, en effet, placer l'ouvrier entre son intérêt et sa sécurité : il hésitera rarement, dans ce cas, à opter pour son intérêt.

ARTICLE 53.

Aucune personne étrangère à l'exploitation ne peut être admise dans les travaux souterrains sans la permission de l'ingénieur de la mine qui l'accompagnera ou la fera accompagner.

Observations. — Il va de soi que l'agent ou l'ouvrier qui accompagnera un étranger doit avoir la connaissance de la mine et l'expérience nécessaires.

ARTICLE 54.

Chaque mine doit être pourvue d'appareils respiratoires permettant de pénétrer et séjourner dans les milieux délétères ou explosifs, soit en cas de sauvetage, soit en cas de travail dans des milieux de ce genre demandé pour la sûreté de l'exploitation.

Il conviendra d'avoir à la fois des appareils puisant l'air pur à de petites distances ou des réservoirs portatifs simples, et des appareils spéciaux, tels que ceux à air comprimé, pour des travaux à exécuter à de grandes distances et demandant un séjour prolongé.

Les appareils respiratoires munis de lampes de sûreté qu'ils alimentent eux-mêmes, pourront aussi servir à la visite de points écartés, éminemment grisouteux, dont l'accès ne serait pas possible avec la lampe de sûreté ordinaire.

Ces appareils seront tenus constamment en bon état de fonctionnement et des compagnies spéciales d'ouvriers seront exercées périodiquement à s'en servir.

Observations. — Les appareils, dont il est question dans cet article, peuvent rendre et ont rendu de réels services pour certains travaux, d'une nature pour ainsi dire courante, dans certaines mines, comme ceux, par exemple, nécessaires pour combattre des feux. Mais si ces appareils ne sont employés qu'exceptionnellement, à de rares intervalles, en cas d'accidents et surtout d'accidents de personnes, il est bon de ne les employer qu'avec prudence et circonspection. Leur emploi est toujours dangereux pour peu surtout qu'il faille aller loin ou rester longtemps.

La Commission espère d'ailleurs être en mesure de faire connaître incessamment des perfectionnements apportés aux appareils anciens de nature à rendre leurs inconvénients moins graves.

ARTICLE 55.

La première apparition du grisou dans une mine ou dans un quartier de mine doit être portée à la connaissance de l'administration, qui doit être également informée sans délai de toute inflammation de gaz, même non suivie d'accident de personne.

ARTICLE 56.

Le règlement et les ordres de service généraux ou spéciaux qui en formeront le complément seront affichés dans les bureaux de la mine et sur les puits.

Il sera remis aux employés et ouvriers des diverses catégories, des extraits de ces règlements, ordres de service et instructions, portant les dispositions qui les concernent particulièrement et qui tracent leurs devoirs.

Il convient, en outre, de tenir sur la mine un registre spécial pour les ordres de service ou instructions, circonstanciels et temporaires, intéressant la sûreté. Des extraits de ce registre seront eux-mêmes, s'il y a lieu, affichés en des points où les ouvriers doivent passer pour se rendre à leur travail, et il en sera de même des tableaux où doivent être consignés les résultats des visites de surveillance.

CHAPITRE VI.

Punitions.

ARTICLE 57.

Les punitions disciplinaires que peuvent encourir les ouvriers, pour infraction au règlement ou aux ordres de service, sans préjudice des poursuites judiciaires qui pourraient être exercées contre les contrevenants, sont les suivantes :

(Suivra l'énumération des peines disciplinaires, amendes, renvois, lesquelles, laissées en dehors de toute intervention administrative, restent à l'appréciation des exploitants.)

ARTICLE 58.

Des punitions disciplinaires générales peuvent être imposées aux ouvriers d'un chantier où l'on aurait commis une infraction, telle que celle de fumer, à moins que les coupables ne se déclarent.

ARTICLE 59.

Les causes des punitions et particulièrement de celles qui se rapportent à des fautes graves seront notées sur le registre de contrôle des ouvriers.

Paris. — Imprimerie Arnous de Rivière, rue Racine, 26.

www.ingramcontent.com/pod-product-compliance
Ingram Content Group UK Ltd.
Pitfield, Milton Keynes, MK11 3LW, UK
UKHW020352250726
13967UKWH00005B/2237

9 782013 059855